Erik Pigani

Caderno de exercícios para

ficar zen em um mundo agitado

Ilustrações de Jean Augagneur

Tradução de Stephania Matousek

CB053823

EDITORA VOZES

Petrópolis

© Éditions Jouvence, 2010
Chemin du Guillon 20
Case 184
CH-1233 — Bernex
http://www.editions-jouvence.com
info@editions-jouvence.com

Título do original francês: *Petit cahier d'exercices pour rester zen dans un monde agité*

Direitos de publicação em língua portuguesa — Brasil.
2011, Editora Vozes Ltda.
Rua Frei Luís, 100
25689-900 Petrópolis, RJ
www.vozes.com.br
Brasil

CONSELHO EDITORIAL

Diretor
Gilberto Gonçalves Garcia

Editores
Aline dos Santos Carneiro
Edrian Josué Pasini
Marilac Loraine Oleniki
Welder Lancieri Marchini

Conselheiros
Francisco Morás
Ludovico Garmus
Teobaldo Heidemann
Volney J. Berkenbrock

Secretário executivo
João Batista Kreuch

Editoração: Frei André Luiz da Rocha Henriques
Projeto gráfico: Éditions Jouvence
Arte-finalização: Lara Kuebler
Capa/ilustrações: Jean Augagneur
Arte-finalização: Carlos Felipe de Araújo

ISBN 978-85-326-4168-7 (Brasil)
ISBN 978-2-88353-897-9 (Suíça)

Editado conforme o novo acordo ortográfico.

Este livro foi composto e impresso pela Editora Vozes Ltda.

Dados Internacionais de Catalogação na Publicação (CIP)
(Câmara Brasileira do Livro, SP, Brasil)

Pigani, Erik
    Caderno de exercícios para ficar zen em um mundo agitado / Erik Pigani ; ilustração de Jean Augagneur ; tradução de Stephania Matousek. 4. ed. — Petrópolis, RJ : Vozes, 2014. — (Coleção Cadernos : Praticando o Bem-estar)

    Título original : Petit cahier d'exercices pour rester zen dans un monde agité
    Bibliografia

    3ª reimpressão, 2019.

    ISBN 978-85-326-4168-7

    1. Administração de estresse 2. Relaxamento 3. Zen-budismo I. Augagneur, Jean. II. Título.

11-05996   CDD-155.9042

Índices para catálogo sistemático:
1. Relaxamento : Guias : Psicologia   155.9042

> « *Quando andar, apenas ande.*
> *Quando sentar, apenas sente.* »
>
> Mestre Umon

Pragmático, do grego *pragmatikos*: « relativo à ação ». É isto que zen significa na verdade: relativo à ação no concreto, na « realidade ». E com dois grandes princípios:

> « Busque simplicidade antes de tudo. »
>
> « Busque sempre o gesto certo. »

Portanto, não tem nada a ver com uma filosofia etérea e muito menos com uma religião dogmática.

Estar zen é antes de tudo ser você mesmo e estar em harmonia consigo mesmo, na realidade de todos os dias, ou seja, « em plena consciência e no momento presente ».

Não é segredo para ninguém: em função do estado eco-lógico, político, social, econômico e psicológico do nosso planeta e da sociedade humana, os anos que estão por vir serão provavelmente cada vez mais agitados. Por isso, embora os princípios fundamentais da tradição zen datem de mais de mil anos atrás, eles são e serão sempre e ainda **3** mais atuais. Ao se apropriar destas técnicas e deste estado de espírito, você não vai « estar na lua »; você vai estar « no lugar em que deve estar ».

Sua escala zen

Circule as suas respostas.

1. **Pela manhã, quando acorda, você:**
   a) Pergunta-se o que vai acontecer hoje.
   b) Enrola durante alguns minutos na cama antes de se levantar.
   c) Precipita-se na direção da cafeteira.
   d) Pensa nos sonhos que teve à noite.

2. **Quando fica preso(a) num engarrafamento, você:**
   a) Fica cada vez mais nervoso(a) e imagina as consequências do seu atraso.
   b) Esbraveja e sai do carro para ver o que está acontecendo.
   c) Espera tranquilamente, observando os outros carros.
   d) Liga o rádio e escuta um programa.

3. **Para se reencontrar consigo mesmo(a), você:**
   a) Faz uma faxina geral na sua casa.
   b) Toma um bom banho.
   c) Lê um bom livro.
   d) Vai caminhar em meio à natureza.

4. **Sob pressão no trabalho, todo mundo está entrando em pânico... Você:**
   a) Fica calmo(a) e realiza as suas tarefas.
   b) Aumenta o seu ritmo de trabalho.
   c) Tenta dar o melhor de si.
   d) Fica nervoso(a) e faz os outros entrarem em pânico.

5. **Um(a) amigo(a) cometeu um grande erro. Você:**
   a) Fica emburrado(a) durante o tempo que for necessário para ele(a) entender.
   b) Liga para ele(a), exprime a sua raiva e pede para ele(a) consertar o estrago.
   c) Espera encontrar com ele(a) para exprimir a sua raiva e perguntar o que aconteceu.
   d) Liga para ele(a) e dá a maior bronca.

6. Uma fada madrinha aparece e lhe oferece um poder. Você escolhe:

   a) O dom da cura.
   b) A faculdade da telepatia.
   c) O poder de prever o futuro.
   d) A capacidade de transformar chumbo em ouro.

7. Que provérbio chinês você seguiria?

   a) « Nenhuma pedra é polida sem fricção, nenhum homem se aperfeiçoa sem obstáculos. »
   b) « Os mestres abrem a porta, mas você deve entrar sozinho. »
   c) « A luz sempre é boa, seja qual for a lâmpada de onde provém. »
   d) « A vida é em parte o que nós fazemos e em parte o que fazem os amigos que nós escolhemos. »

8. Qual é a sua maior riqueza?

   a) Minhas qualidades humanas.
   b) Minha família.
   c) Minhas competências profissionais.
   d) O que eu sou.

9. No supermercado, a pessoa do caixa está muito devagar... Você:

   a) Fica batendo os dedos no carrinho de compras e suspirando profundamente.
   b) Apoia os cotovelos no carrinho e pensa em outra coisa.
   c) Manifesta impaciência e consternação ao máximo.
   d) Observa tranquilamente tudo o que está acontecendo ao seu redor.

10. A festa organizada pelos seus vizinhos dura até altas horas da noite. Você:

   a) Chama a polícia.
   b) Vai bater na porta deles e dar uma bronca.
   c) Liga e pede para eles baixarem um pouco o volume da música.
   d) Coloca tampões nos ouvidos.

11. Ao se apresentar para uma entrevista de emprego, você:

a) Fica angustiado(a) e andando de um lado para o outro, esperando ser chamado(a).

b) Relaxa e não pensa em mais nada.

c) Repete mentalmente o que pretende dizer.

d) Tenta ficar calmo(a) e se concentrar na sua respiração.

12. Os jornais anunciam que uma catástrofe climática atingiu milhares de vítimas. Você pensa:

a) Está cada vez mais frequente... Os ecologistas têm razão de nos alertar.

b) Que horror! Se acontecesse comigo, não sei como eu reagiria.

c) Coitados! Realmente temos de nos preparar para o pior...

d) É muito triste... Ainda bem que isto nunca vai acontecer conosco.

13. O seu chefe pergunta do que você precisa para se sentir melhor no trabalho. Você responde:

a) Uma organização mais prática, agradável e mais « feng shui » no meu escritório.

b) Um cargo e tarefas mais bem adaptadas à minha personalidade e às minhas competências.

c) Mais consideração e reconhecimento, gratificações em forma de bônus.

d) Um aumento ou uma participação nos lucros. Ou os dois...

14. O tempo passa cada vez mais rápido... Para você, o tempo é:

a) Nosso árbitro.

b) Nosso inimigo.

c) Um mistério.

d) Neutro.

Circule os números correspondentes às suas respostas no quadro abaixo:

	a	b	c	d
1	3	9	0	6
2	3	0	9	6
3	0	6	3	9
4	9	0	6	3
5	3	6	9	0
6	9	6	3	0
7	0	9	6	3
8	6	3	0	9
9	0	6	3	9
10	0	3	6	9
11	0	9	3	6
12	6	3	9	0
13	6	9	3	0
14	3	0	6	9

Calcule o total dos seus pontos ....

E descubra o seu perfil:

« *Seja qual for a tarefa que você esteja efetuando, realize-a lentamente, com a atenção que ela merece. Não se apresse em chegar ao fim. Fique relaxado ao fazer qualquer coisa e dedique-lhe toda a sua atenção.* »

Thich Nhat Hanh

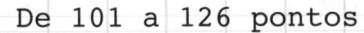

De 101 a 126 pontos

Mestre zen

O espírito zen compõe a sua natureza profunda! Você segue os princípios de uma vida sadia e dá grande importância às noções de autenticidade e coerência entre as suas convicções e o seu comportamento. A última pessoa que viu você irritado(a) ainda deve se lembrar desta cena raríssima! Dê este caderno de presente a alguém que realmente precise dele...

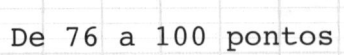

De 76 a 100 pontos

Monge zen

Você se sente próximo(a) da filosofia zen. Parece saber controlar as suas emoções na medida certa, pois já tomou iniciativas para o seu desenvolvimento pessoal — em especial o desenvolvimento de valores pessoais, a comunicação e as relações humanas, a espiritualidade e tudo o que diz respeito aos cuidados « naturais » com a saúde. Se você quiser chegar ao estágio de « mestre », vai ter de realizar um trabalho cotidiano sobre si mesmo(a)...

De 51 a 75 pontos

Aprendiz zen

Você se interessa por tudo o que é zen, mas às vezes se pergunta se é uma moda ou uma necessidade real... Como é bastante altruísta e se preocupa com os outros, você pode se sentir inquieto(a) com relação ao futuro dos seus entes queridos. Por isso, acredita que ficar zen só trará benefícios para todo mundo. E tem razão! Um trabalho constante com este caderno vai colocar você no caminho certo...

De 26 a 50 pontos

Aspirante zen

Você tem dificuldade em controlar as suas emoções, qualquer coisinha o(a) irrita, um obstáculo pode deixá-lo(a) angustiado(a). Por isso, você prefere evitar as situações difíceis e esquivar as questões delicadas. Ser « reservado(a) » e « discreto(a) » não é o mesmo que ser « zen ». Você sairia ganhando se, além de trabalhar regularmente as bases da tradição zen, descobrisse e explorasse as suas forças ocultas; você tem até de sobra!

De 0 a 25 pontos

Zen? Só se for em outra vida!

Da família dos que « têm o pavio curto », você se irrita com o menor aborrecimento. É claro que o mundo anda mal, mas isto não é motivo para deixá-lo ainda pior... Se você está com este caderno nas mãos, provavelmente é porque alguém lhe deu de presente. Então, não hesite; mergulhe de cabeça fazendo e refazendo os exercícios. Com um pouco de paciência e tempo, você vai descobrir um novo jeito de ser e, talvez, uma outra vida!

9

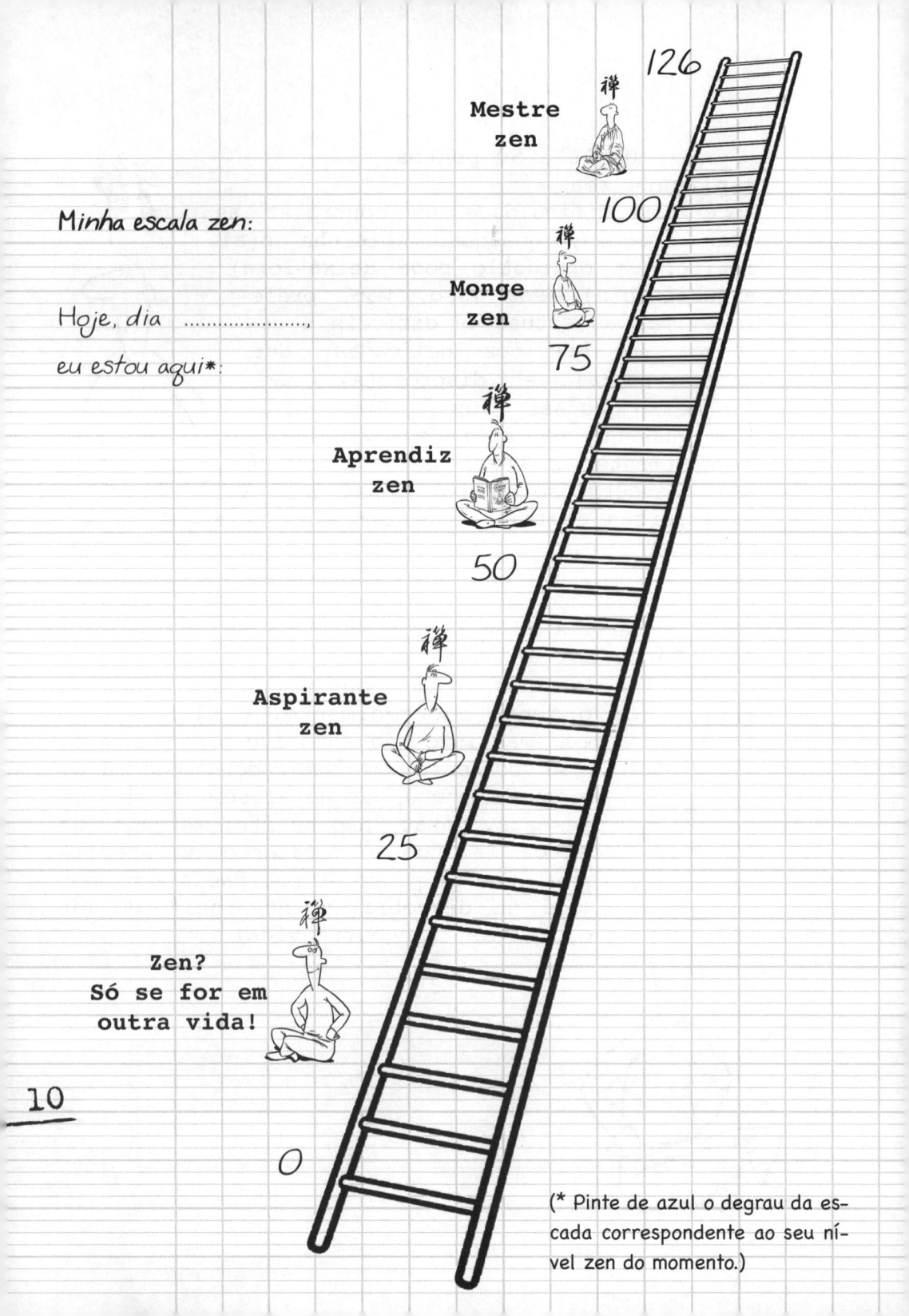

I. Aprenda a calma

Você quer uma prova de que o zen é pragmático?

Vamos tocar logo no cerne da questão. Como a calma do corpo e da mente não é inata em todo mundo, veja a seguir quatro técnicas que permitem primeiro experimentá-la e em seguida exercê-la:

Recorte e cole abaixo uma imagem que represente a CALMA para você:

Uma visão da calma

A técnica do pote de mel
Desacelere os seus gestos uma vez por dia.

Escolha um ato cotidiano que você normalmente faça rápido ou de modo rotineiro:

- Fazer café
- Tomar banho
- Escovar os dentes
- Lavar a louça
- Descascar legumes
- Guardar roupas
- Arrumar papéis
- Regar as plantas

(complete sua lista) →

- . . . .
- . . . .
- . . . .
- . . . .
- . . . .

Minha escolha: . . . .

Quando estiver pronto(a), respire lenta e profundamente e desacelere ao máximo todos os seus movimentos. Concentre-se na sua postura, em cada gesto seu, no objeto que está utilizando, na sensação física do seu contato...

Para ir ainda mais devagar, imagine que você está mergulhado(a) num *enorme pote de mel*.

Este exercício permite reduzir a sua velocidade e instaurar a calma interior em alguns minutos, mas também vivenciar intensamente o momento presente e a sua consciência de si mesmo.

A técnica do pote de arroz

Exercite a sua paciência uma vez por semana.

Você já parou para contar grãos de arroz? Veja um dos exercícios mais conhecidos para treinar a paciência infinita e estabelecer a calma de espírito:

Pegue dois copos idênticos. Encha um deles de arroz até à borda. Depois, vá passando-os para o copo vazio e contando um por um todos os grãos de arroz. Anote o resultado*. Recomece a operação no outro sentido e verifique se você obtém o mesmo número...

Variante:
Pegue lápis de cor e pinte cada grão de arroz com uma cor diferente :

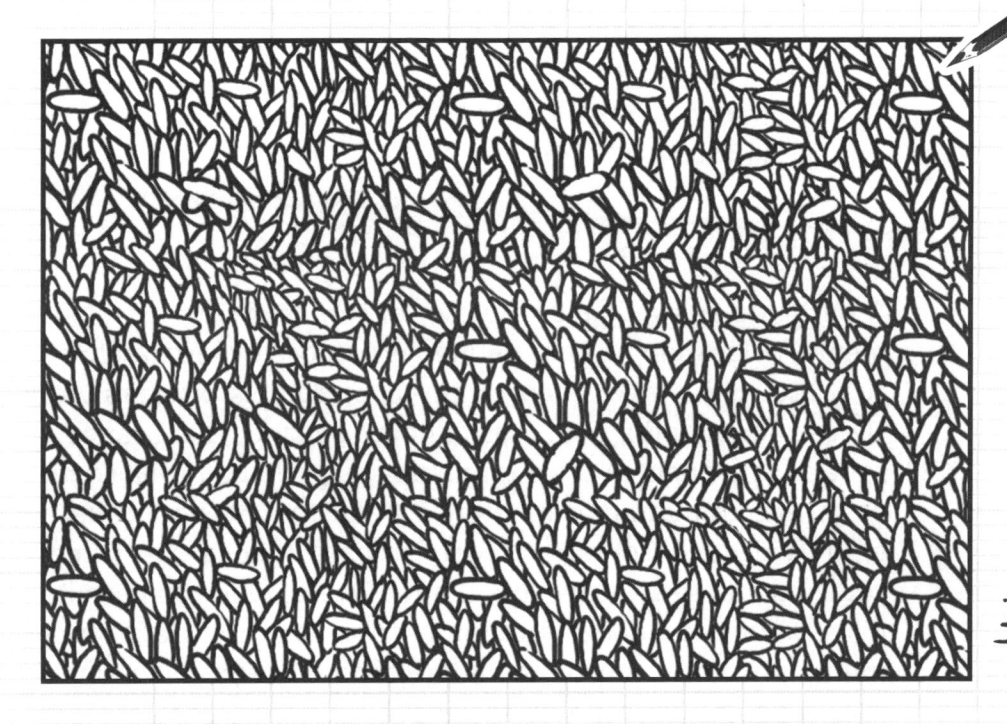

*Não reclame: se você estivesse na China, pediriam para você numerar cada grão de arroz... nos próprios grãos de arroz!

A técnica do *pot-au-feu*

Comer com plena consciência três vezes por dia.
Mas comece primeiro uma vez por dia ...

O *oryoki* é uma das práticas rituais mais elaboradas que o mestre zen Dogen criou. Orações de agradecimento no início da refeição, a quantidade certa de comida, uma maneira de comer consciente desde a primeira até à última migalha com alegria e serenidade... Uma atitude que, com os *fast-food*, pratos congelados e semiprontos de hoje, está longe de ser aplicada. No entanto, é uma questão não somente de « vida zen e sadia », mas também de saúde: são necessários entre vinte e trinta minutos para que certos hormônios gástricos responsáveis pela saturação se liberem e enviem uma mensagem ao cérebro, que ativará, então, a sensação de saciedade.

A partir da sua próxima refeição, experimente comer lentamente, colocando na boca pequenas porções e mastigando-as como se você estivesse provando tal prato pela primeira vez. De vez em quando, ponha os talheres de lado. Não avance a cabeça para apanhar o conteúdo do seu garfo da forma como os gansos comem, mas mantenha as costas retas e a cabeça erguida, levando o garfo tranquilamente à boca. Em suma, coma com calma... e decentemente! Esta atitude zen permite não somente aprender a calma e tomar consciência do momento presente, mas também facilitar a percepção dos sinais implicados na ativação da saciedade. Portanto, você comerá menos...

A técnica do pote vazio

*Escute o silêncio uma vez por semana, durante dois meses.
Depois, uma vez por dia.*

Desligue televisão, rádio, computador, telefone celular. Baixe a luz. Sente-se confortavelmente, sem rigidez, mas sem amolecer. Com os braços descontraídos e apoiados nas pernas, coloque o dorso da mão esquerda na direita e o polegar direito na palma da mão esquerda. Não aperte. Feche os olhos, respire lenta e profundamente, focalizando a sua mente na sensação do contato do polegar na palma da mão. Libere a sua atenção e escute o silêncio durante cinco minutos.

Quando já estiver familiarizado(a) com os cinco minutos de silêncio, você pode meditar durante mais dois minutos sobre a seguinte questão:

Você adotaria os « três preceitos puros »
da tradição zen?

1. Pare de fazer o mal.
2. Faça somente o bem.
3. Faça o bem aos outros.

15

II. Calma, emoções!

Os mestres do budismo zen são reputados por sua comprovada arte de controlar as emoções. Isto não quer dizer que eles não sintam nada ou sejam « sem coração »! O segredo? Às vezes eles comparam as emoções ao fogo e à água: um começo de incêndio ou um vazamento de torneira podem facilmente ser contidos se você for rápid(a) o bastante para impedi-los de fugirem do seu controle. Como? Assim que uma emoção negativa crescer dentro de você, tente entender a mensagem que ela estiver trazendo e deixe-a ir embora...

Tudo bem, mas como?

As emoções negativas:

Cólera, frustração, ressentimento, ódio, medo, inquietude, desgosto, impaciência, raiva, tristeza, inveja, ciúme, tédio, amargura, desagrado, exasperação, culpa, vergonha, desprezo, rancor, medo de palco, angústia, ansiedade, embaraço, decepção, pesar...

A partir da lista de 26 emoções negativas da página esquerda, recopie, por ordem de importância, as 14 que você sente com mais frequência.

Minhas emoções negativas:

1.	8. . . . .
2.	9. . . . .
3.	10. . . . .
4.	11. . . . .
5.	12. . . . .
6.	13. . . . .
7.	14. . . . .

MEDO DE PALCO ANSIEDADE
DESAGRADO RESSENTIMENTO
FRUSTRAÇÃO TRISTEZA EXASPERAÇÃO
CÓLERA RANCOR DESPREZO
IMPACIÊNCIA AMARGURA
RAIVA CIÚME VERGONHA
DECEPÇÃO PESARES INQUIETUDE
INVEJA MEDO TÉDIO EMBARAÇO
DESPREZO ANGÚSTIA
CULPA ÓDIO
DESGOSTO RAIVA

O psicólogo italiano Roberto Assagioli, fundador da Psicossíntese, explica que, para aprendermos a lidar com as nossas emoções, podemos começar eliminando todas as « identificações parciais » que nos impedem de ter plena consciência de nós mesmos. Exemplos: algumas pessoas se identificam com o seu corpo (elas « são » a « barriga de tanquinho », os cabelos, enfim, o *look* delas...); outras, com a sua profissão (elas « são » professor, comerciante...); outras ainda, com as suas emoções (elas « são » depressivas, apaixonadas etc). Para se « desidentificar », é preciso, portanto, distinguir aquilo que temos e às vezes aquilo que fazemos de quem nós *somos*.

Para não se deixar submergir por uma emoção e ficar zen — ou seja, consciente de si mesmo(a) —, comece identificando e, portanto, verbalizando as suas emoções:

Uma crise de ciúmes?
Diga a si mesmo(a): « Estou sentindo ciúme »
— Não diga: « Tenho ciúmes ».

Um acesso de raiva?
Diga a si mesmo(a): « Estou sentindo raiva »
— Não diga: « Tenho raiva ».

Uma pequena decepção?
Diga a si mesmo(a): « Estou sentindo uma decepção »
— Não diga: ....*

* Complete a frase (Não, não se diz « tenho decepção »!).

Tente se lembrar da maior raiva da sua vida, a que mais marcou você. Conte-a com o máximo de detalhes possível: sua causa, o que você sentiu, o seu estado de espírito e o seu estado físico.

A maior raiva da minha vida:

....

....

....

....

....

....

....

Em seguida, responda à pergunta: « Onde está esta raiva 19 hoje? »

....

Assim como os mestres zen, os psicoterapeutas especialistas em emoções dizem que as emoções negativas em si não são « ruins »; elas se tornam ruins quando tentamos esquecê-las ou eliminá-las sem compreender a utilidade e nem a mensagem delas.

Sério, uma utilidade?

Exemplos:

- A raiva serve para se livrar de uma situação nociva.
- A tristeza serve para virar a página e seguir em frente.
- O medo serve para prosseguir com prudência.
- A inquietude serve para se manter vigilante.
- ....

Volte à lista das suas 14 emoções negativas e pense como cada uma é útil PARA VOCÊ:

1. .... serve para eu: ....
2. .... serve para eu: ....
3. .... serve para eu: ....
4. .... serve para eu: ....
5. .... serve para eu: ....
6. .... serve para eu: ....
7. .... serve para eu: ....
8. .... serve para eu: ....
9. .... serve para eu: ....
10. ....serve para eu: ....
11. .... serve para eu: ....
12. .... serve para eu: ....
13. .... serve para eu: ....
14. .... serve para eu: ....

Na próxima vez em que sentir uma emoção negativa crescer dentro de você, identifique-a, lembre-se da utilidade dela e tente compreender a mensagem que ela estiver lhe transmitindo. Você vai ver que ela não poderá mais submergir você e se acalmará sozinha.

Não rumine

As emoções negativas não « digeridas » permanecem « no estômago »!

Faça uma lista de tudo o que você estiver « _ruminando_ » neste momento, de tudo o que alimente um mal-estar surdo e permanente dentro de você e que realmente intoxique a sua vida:

1. ....
2. ....
3. ....
4. ....
5. ....
6. ....
7. ....
8. ....

Diga em voz alta, dez vezes, um por um dos elementos acima*:

« Eu não preciso mais ruminar ....
.... »

22

* Você pode contar nos dedos!

usque digerir!

Digerir as emoções negativas é indispensável para aliviar a alma e ficar zen.

Faça uma lista de todos os seus desgostos, aborrecimentos, raivas não exprimidas e conflitos não resolvidos nos **três últimos meses.**

« Tudo o que eu não digeri »:

1. ....
2. ....
3. ....
4. ....
5. ....
6. ....
7. ....
etc.

- Pegue uma folha de papel.
- Para cada item desta lista, escreva com o máximo de exatidão o que você sentiu durante o « incidente » que ainda não digeriu.
- Feche os olhos, visualize cada situação e tente sentir novamente a emoção associada a ela, verbalizando-a: « Eu senti .... ».
- Elimine a emoção em questão projetando-a para fora de você com as mãos*.

* Você não sabe como fazer? Exercício de criatividade: imagine que você é o famoso mímico francês Marceau e pergunte-se como ele faria para expressar o gesto de expulsar uma emoção com as mãos...

Zen... num mundo cada vez mais agitado!

« Qual o maior presente que você gostaria de oferecer a alguém? », um dia um monge perguntou a Buda. « O dom da ausência de medo », respondeu Buda.

O medo é tão importante na existência humana que a tradição zen considera o trabalho sobre esta emoção como uma prática à parte... Obviamente, não estamos falando das fobias, que consistem em patologias, mas sim do medo « comum », classificado pela Psicologia como uma das cinco emoções fundamentais próprias a qualquer ser humano (medo, desejo, prazer, desgosto, raiva). Por mais fundamental que ele seja, o medo adquire alternadamente mil formas dependendo do nosso cotidiano, obstruindo ostensivamente os raios da felicidade. E, no fim das contas, os nossos medos nos impedem de sermos nós mesmos.

Os medos mais comuns são os de não ter o que precisa, ficar sozinho, não ser amado, desaparecer (morrer, não ser valorizado, não existir socialmente por estar desempregado...) e o medo do mundo exterior (dos outros, de novas situações...).

Para superar os temores cotidianos, latentes, às vezes irracionais, não hesite em recorrer aos elixires florais – os famosos « Florais de Bach ». Para os medos, o elixir de mimulus e o de aspen são ótimos.

Faça uma lista de todos os seus medos, tanto dos pequenos quanto dos grandes, classificando-os por ordem de importância. Seja sincero(a) consigo mesmo(a)!

1. ....
2. ....
3. ....
4. ....
5. ....
6. ....
7. ....
8. ....
9. ....
10. ....
11. ....
12. ....
13. ....
14. ....

Recopie esta lista e, ao lado de cada medo, escreva:

« O medo de .... está dentro de mim,

mas eu não sou este medo ».

Guarde bem esta lista, que lhe permitirá se desidentificar dos seus medos.

III. Calma, estresse!

> « *Não é necessário pensar no passado ou no futuro. Pense simplesmente no instante do meio que é o aqui e o agora.* »
>
> Mestre Sosan

No final dos anos 1960, os americanos Thomas H. Holmes e Richard H. Rahe criaram a « escala de reajuste social », um teste de avaliação do nível de estresse bastante conhecido hoje em dia.

Sublinhe todos os acontecimentos que você viveu no ano passado e circule os pontos correspondentes:

1. Falecimento do cônjuge: 100
2. Divórcio: 73
3. Separação: 65
4. Prisão: 63
5. Falecimento de um ente querido: 63
6. Acidente ou doença grave: 53
7. Casamento ou início de um relacionamento: 50
8. Demissão: 47
9. Reconciliação com o cônjuge: 45
10. Aposentadoria: 45
11. Problemas de saúde de um membro da família: 44
12. Gravidez: 40
13. Dificuldades de ordem sexual: 39
14. Chegada de um novo membro na família: 39
15. Mudança profissional: 39

16. Modificação da situação financeira: 38
17. Falecimento de um amigo íntimo: 37
18. Mudança de carreira: 36
19. Aumento das brigas com o cônjuge: 35
20. Hipoteca considerável: 31
21. Confisco de bens ou de um empréstimo: 30
22. Mudança de cargo no trabalho: 29
23. Saída dos filhos de casa: 29
24. Dificuldades com os sogros: 29
25. Sucesso pessoal importante: 28
26. Início ou término da atividade profissional do cônjuge: 26
27. Início ou término dos estudos: 26
28. Modificações das condições de vida: 25
29. Modificações dos hábitos pessoais: 24
30. Dificuldades com o chefe: 23
31. Modificações das horas ou condições de trabalho: 20
32. Mudança de casa: 20
33. Mudança de escola: 20
34. Mudança no exercício de atividades recreativas: 19
35. Mudança no trabalho voluntário: 19
36. Mudança nas atividades sociais: 18
37. Hipoteca ou empréstimo de uma quantia modesta: 17
38. Mudança dos hábitos de dormir: 16
39. Mudança da quantidade de reuniões familiares: 15
40. Modificações dos hábitos alimentares: 15
41. Férias ou viagem: 13
42. Festas de final de ano: 12
43. Pequenas infrações à lei: 11

Calcule o total dos seus pontos:

<u>Meu total de pontos:</u> ....

Se o total:

For inferior a 150: o seu nível de estresse acumulado é moderado.

Os riscos de você contrair uma doença são de cerca de 30%.

Estiver entre 150 e 300: o seu nível de estresse acumulado é alto.

Os riscos de você contrair uma doença são de cerca de 50%.

Ultrapassar 300 pontos: o seu nível de estresse acumulado é muito alto.

Os riscos de você contrair uma doença são de cerca de 80%.

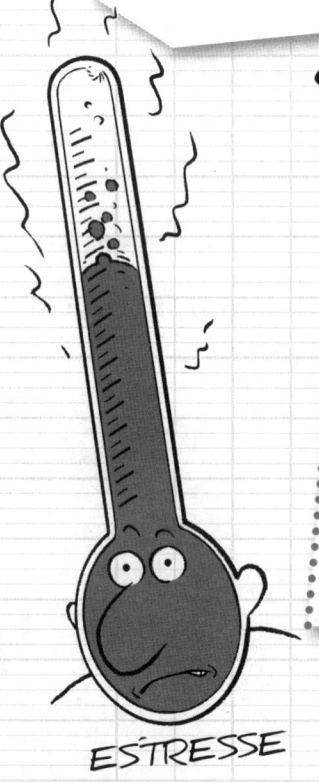

ESTRESSE

Um jovem monge, que havia acabado de chegar ao monastério chinês *chan* da escola Lin-tsi, perguntou ao grande mestre Tchao-Tchou:

– Eu sou recém-chegado aqui no monastério. Você poderia me dar um ensinamento?

– Você já comeu a sua sopa de arroz?, perguntou Tchao-Tchou.

– Sim, já comi, respondeu o monge.

– Então vá lavar a sua tigela!

Minha escala de estresse

Faça uma lista de todos os pequenos acontecimentos cotidianos ou recorrentes que deixam você estressad(a) – exemplo: levar as crianças à escola, ir ao dentista, cozinhar, fazer compras... – e atribua pontos para cada um deles (de 1 a 100). Este exercício lhe permitirá identificar os momentos causadores de estresse e tomar atitudes apropriadas para aliviá-lo.

1. .... : (...... pontos)
2. .... : (...... pontos)
3. .... : (...... pontos)
4. .... : (...... pontos)
5. .... : (...... pontos)
6. .... : (...... pontos)
7. .... : (...... pontos)
8. .... : (...... pontos)
9. .... : (...... pontos)
10. .... : (...... pontos)
11. .... : (...... pontos)
12. .... : (...... pontos)
13. .... : (...... pontos)
14. .... : (...... pontos)
15. .... : (...... pontos)
16. .... : (...... pontos)
17. .... : (...... pontos)
18. .... : (...... pontos)
19. .... : (...... pontos)
20. .... : (...... pontos)

Ser a calma: exercício antiestresse 1
Finja...

... estar calmo(a)! Não importa o estado de estresse no qual você esteja, basta simular a calma para produzir em si um relaxamento de excelente qualidade. Mesmo que isto lhe pareça estranho, faça o papel de uma pessoa calma, assim como um ator no palco: desacelere os seus movimentos, só um pouco; respire lentamente, só um pouco; sorria para todos, só um pouco; etc. Em alguns minutos, você realmente se sentirá calmo(a).

Esta técnica funciona bem por duas razões. A primeira é psicológica: ao simular um comportamento calmo, você faz o seu subconsciente acreditar que, no fim das contas, você é uma pessoa serena. Ora, o nosso subconsciente adora imaginar e fazer papéis! Ele vai influenciar, então, o nosso estado de espírito do momento. A segunda é fisiológica: em 1994, pesquisadores de um laboratório de fisiologia americano realizaram um estudo com atores. Eles lhes pediram para expressar diferentes emoções: alegria, amizade, raiva, depressão, medo, calma etc. Eles mediram cada vez as respostas fisiológicas (batimentos cardíacos, respiração...) e procederam a análises de sangue; os resultados eram idênticos aos obtidos com emoções reais!

Sorria...

... com a maior frequência possível, mesmo sem estar com vontade. Quando você sorri, 42 músculos faciais agem e enviam sinais eletroquímicos ao sistema nervoso autônomo, que regula certas funções do corpo, tais como respiração, atividade cardíaca e tensão muscular. Este processo também libera no cérebro endorfinas, aquelas famosas « moléculas de felicidade ». O efeito é imediato!

Cole no porta-retratos ao lado a foto em que o seu sorriso seja maior.

Este(a) é quem eu sou quando estou sorrindo.

Ser a calma: exercício antiestresse 3
Boceje...

Bocejar é um excelente exercício antiestresse! Fingir estar bocejando gera automaticamente os reflexos fisiológicos de relaxamento de um verdadeiro bocejo. O princípio é bem simples: toda vez que você sentir a tensão interior aumentar e a mente ficar congestionada, abra a boca e boceje! Quanto mais intenso for o bocejo, mais rápido você restabelecerá o relaxamento físico e a liberdade da mente.

A calma é contagiosa! Quando todo mundo se agitar ao seu redor, adote uma atitude serena e ao mesmo tempo atenta. Esteja consciente de si mesmo(a), e você observará assim resultados imediatos.

Ser a calma: exercício antiestresse 4

Fique... zen!

A « *plena consciência do aqui e do agora* » é não somente o estado zen por excelência, mas também o melhor remédio contra o estresse.

Assim que você sentir o estresse aumentar, acompanhe mentalmente cada ato que você for efetuando:

Quando estiver caminhando,
diga mentalmente a si mesm(a): « Estou caminhando »;
quando estiver preparando o café da manhã,
diga mentalmente a si mesm(a): « Estou preparando o café da manhã »;
quando estiver guardando um prato,
diga mentalmente a si mesm(a): « Estou guardando um prato »;
quando estiver entrando no seu carro,
diga mentalmente a si mesm(a): « Estou entrando no meu carro »...
... etc.

Fácil demais? Experimente para você ver...

Pausa...

Três monges tibetanos se retiram numa gruta para meditar.
Dois anos depois, um belo cavalo selvagem
entra na gruta e logo vai embora.

...
Dois anos mais tarde, o primeiro monge diz:
— Que lindo cavalo branco!

...
Dois anos mais tarde, o segundo monge diz:
— Mas ele não era branco, era cinza.

...
E mais dois anos depois, o terceiro monge diz:
— Já que vocês não param de brigar, eu vou dar no pé.

> « *Se você não encontrar a verdade no lugar onde você está, onde espera encontrá-la?* »
>
> Dôgen

IV. 14 exercícios para restabelecer a calma interior

Nas próximas páginas, 14 técnicas físicas bem simples ajudarão você a encontrar a calma rapidamente. Não se preocupe: não é nenhum esporte! São exercícios que usam o corpo: automassagem, posturas, movimentos, respirações controladas...

Teste-os um por um, anotando cuidadosamente a data e a circunstância na qual você tiver feito o exercício. Em seguida, dê-lhe uma nota de 1 a 10 respondendo às perguntas: esta técnica foi eficaz na circunstância em questão? Este exercício me convém? agrada-me?

O exercício que tirar a melhor nota será, obviamente, o mais adequado para você!

1. Se estiver sentindo uma tensão interior

- Franza as sobrancelhas e depois alce-as o máximo que puder. Repita até sentir a sua testa relaxada.
- Com a boca fechada, faça uma leve pressão com a língua atrás dos incisivos superiores até o seu maxilar se soltar. Relaxe a mandíbula e sorria.
- Em seguida, aperte os lábios e sorria novamente. Repita duas ou três vezes.
- Preste atenção na sensação proporcionada pelo relaxamento da testa, da mandíbula e dos músculos faciais.

Este exercício de relaxamento do rosto também é eficaz... quando estamos saturados de alguma coisa!

Fiz este exercício dia: ....
Na seguinte circunstância: ....
....
....
....

Nota para o exercício: ....../10

2. Se estiver sentindo tensão no ar

- Levante-se, afaste ligeiramente os pés e relaxe os braços.
- Avance a sua bacia um pouco para a frente.
- Respire o máximo que puder lenta e profundamente, elevando os ombros até às orelhas e fechando os punhos. Não force, não se apresse, e deixe os braços soltos.
- Prenda a respiração durante cinco segundos e, de uma só vez, expire rapidamente, relaxando os ombros e punhos.
- Repita oito vezes este movimento de contração e descontração.

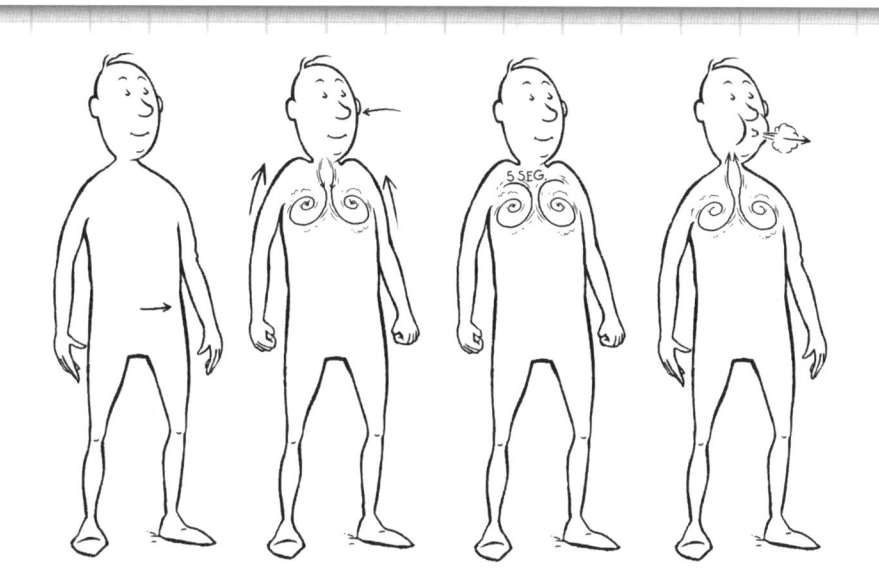

Fiz este exercício dia: ....

Na seguinte circunstância: ....

....

....

....

Nota para o exercício: ..../10

3. Se estiver se sentindo agitado(a)

Trabalhar a voz é um dos meios mais rápidos de obter um bem-estar físico completo.

- Fique em pé, afaste ligeiramente as pernas, apoiando-se com firmeza, deixe os braços soltos e feche os olhos. Comece uma respiração lenta, profunda e « circular »: não deve haver nenhuma pausa entre a inspiração e a expiração, nem entre a expiração e a inspiração.
- Durante a expiração, sem forçar, cante « A » emitindo o som mais natural possível para você, relaxando bem a mandíbula.
- Quando você tiver encontrado o *seu* som, cante as seguintes sílabas a cada expiração, por todo o tempo que durar a mesma: MA – ME – MI – MO – MU– MÊ – MÔ.

Repita dez vezes esta série.

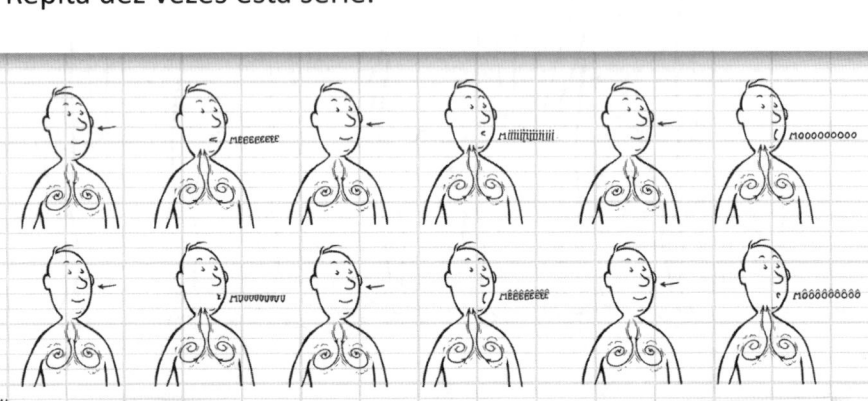

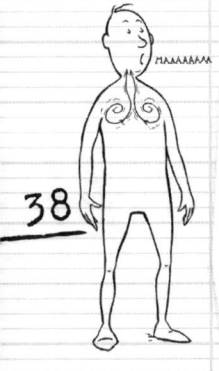

Fiz este exercício dia: ....
Na seguinte circunstância: ....
....
....
....

Nota para o exercício: ....../10

4. Se estiver se sentindo crispado(a)

- Fique em pé, afaste ligeiramente as pernas e feche os olhos. Deixe os seus braços soltos, como se eles estivessem « vazios ».
- Imagine que uma cordinha, presa no dorso das suas mãos, esteja sendo puxada lentamente por uma Força Superior e que os seus braços estejam se elevando sozinhos. Não se apresse: imagine! Você vai sentir primeiro uma espécie de « flutuação » nos braços e mãos. Em seguida, um levíssimo movimento involuntário. Não tenha medo! Os seus braços vão subir um, cinco, dez centímetros... Não importa a altura do movimento, o objetivo é experimentar esta sensação bastante peculiar.
- Deixe os braços recaírem. Abra os olhos. Respire profundamente.

Fiz este exercício dia: ....
Na seguinte circunstância: ....
....
....
....

Nota para o exercício: ....../10

5. Se estiver se sentindo oprimido(a)

- Sente-se confortavelmente, procurando manter as costas retas e os dois pés bem encostados no chão.
- Coloque as mãos na barriga, um pouco abaixo do umbigo.
- Inspire lenta e profundamente pelo nariz, relaxando a barriga (como se ela inflasse naturalmente a cada inspiração).
- Ao expirar pela boca, murche a barriga contraindo-a ligeiramente. Concentre-se neste movimento de respiração. Embora possa parecer esquisito, este movimento é natural.
- Faça umas vinte respirações; o efeito relaxante é imediato.

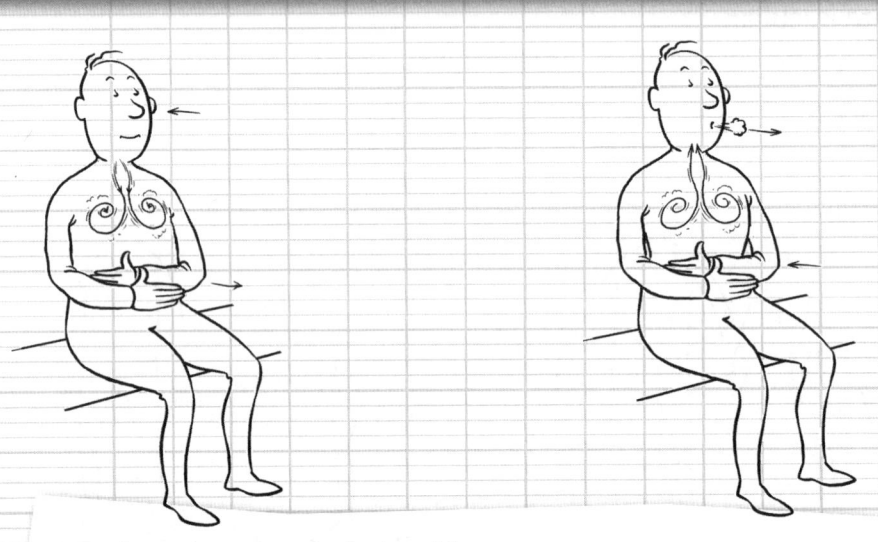

```
Fiz este exercício dia: .....................
Na seguinte circunstância: .................
...........................................
...........................................
...........................................

Nota para o exercício: ....../10
```

6. Se estiver com um nó no estômago

- Levante-se e apoie bem os pés no chão.
- Inspire inflando a barriga e depois a parte superior do abdômen para ativar o baço.
- Prenda a respiração durante cinco segundos e depois expire lentamente durante outros cinco segundos.
- Repita esta sequência oito vezes.
- Para descontrair o estômago, deixe os seus braços penderem ao longo do corpo e depois afaste-os elevando ligeiramente os ombros para alongar as costelas.

Este exercício é ideal para aliviar o baço e o estômago da ansiedade e estresse acumulados.

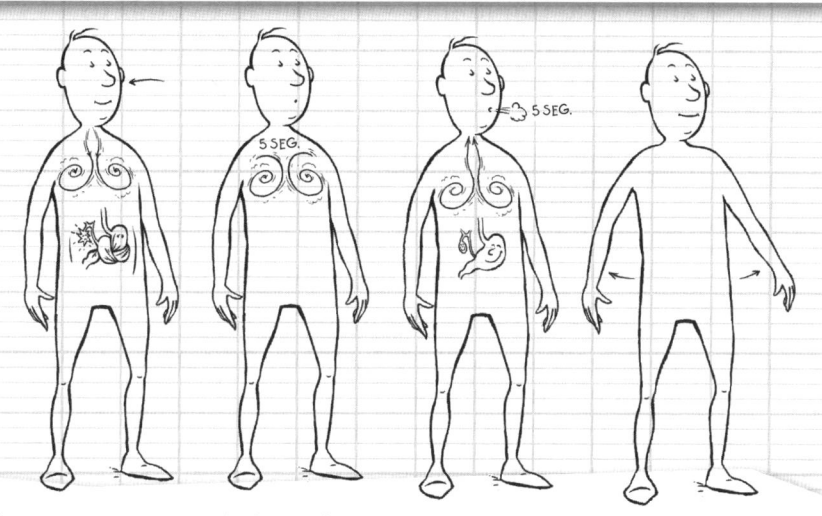

Fiz este exercício dia: ....

Na seguinte circunstância: ....

....

....

....

Nota para o exercício: ....../10

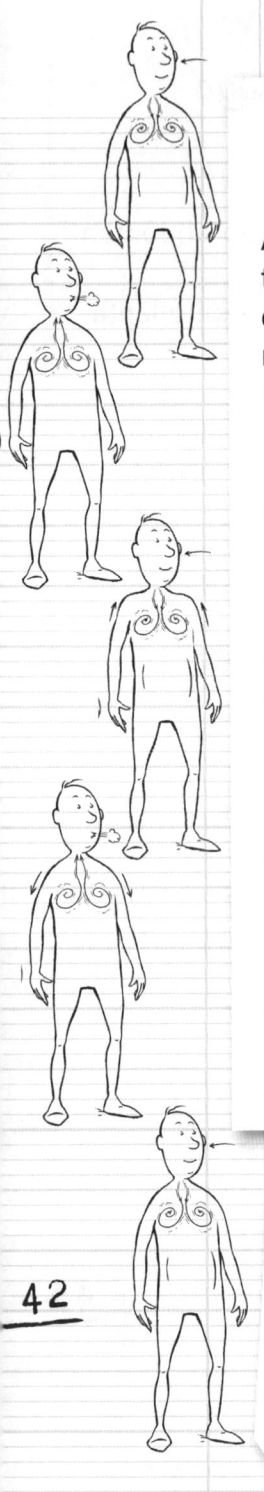

7. Se estiver estressado(a)

A « respiração do canudinho » é uma técnica bastante conhecida no Japão por ser capaz de regular o ritmo cardíaco, baixar a pressão, controlar o estresse e eliminar as emoções negativas:

- Levante-se, afaste ligeiramente os pés, mantenha a cabeça erguida e inspire lentamente pelo nariz, deixando a barriga inflar.
- Expire lentamente pela boca, *como se você estivesse soprando num canudinho*.
- Inspire lentamente pelo nariz, concentrando-se nos seus ombros.
- Expire « no canudinho », relaxando os ombros.
- Inspire lentamente concentrando-se na sua barriga.
- Expire « no canudinho », relaxando completamente a barriga.
- Inspire lentamente concentrando-se na sua mandíbula.
- Expire « no canudinho », relaxando ao máximo a mandíbula.
- Inspire concentrando-se ao mesmo tempo nos ombros, na barriga e na mandíbula.
- Expire « no canudinho », relaxando os ombros, a barriga e a mandíbula.

Repita este exercício cinco vezes.

Fiz este exercício dia: ....
Na seguinte circunstância: ....
....
....
....

Nota para o exercício: ....../10

8. Se estiver nervoso(a)

Massageie lentamente o seu couro cabeludo com a ponta dos dez dedos. Comece pela parte superior da testa e vá até à nuca. Enquanto estiver massageando, respire profundamente.

Bastam dois minutos de automassagem para você começar a se sentir melhor. Utilize esta técnica extremamente simples toda vez que você se sentir nervoso(a), estressado(a), inquieto(a)...

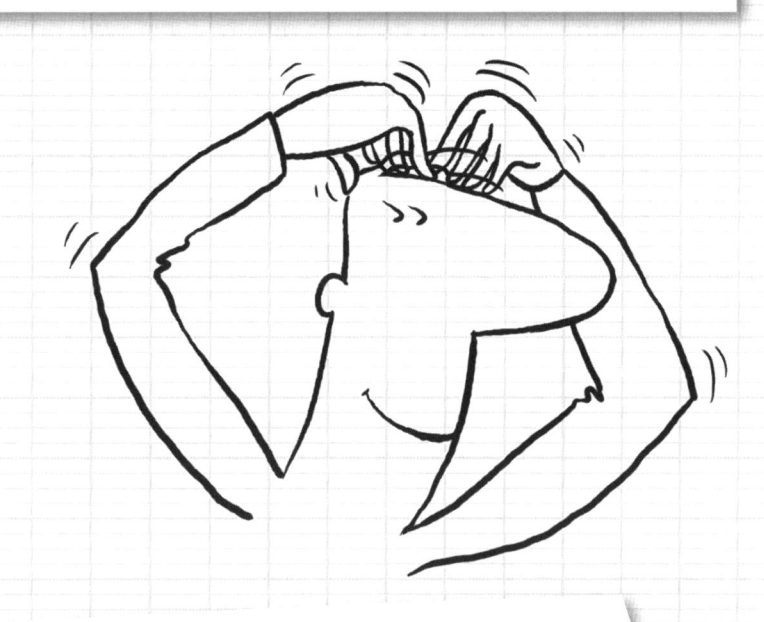

Fiz este exercício dia: ....
Na seguinte circunstância: ....
....
....
....

Nota para o exercício: ....../10

9. Se estiver de cabeça cheia

- Fique em pé, descalço(a), relaxe e deixe os ombros caírem.
- De olhos abertos, respire lentamente inflando a barriga.
- Desloque o corpo ligeiramente para a frente e apoie todo o seu peso na ponta dos pés. Volte à posição inicial.
- Desloque o corpo ligeiramente para trás e apoie todo o seu peso nos calcanhares.
- Repita três vezes este movimento.
- Recomece o exercício de olhos fechados. Você talvez sinta um leve desequilíbrio no início.
- Retome, então, a posição direita e estável, apoiando-se com firmeza em ambos os pés, e recomece até se sentir calmo(a) e bem ancorado(a) ao solo.

Este exercício permite restabelecer contato com a terra e fazer a energia circular.

Fiz este exercício dia: ....

Na seguinte circunstância: ....

....

....

....

Nota para o exercício: ....../10

44

10. Se estiver com dificuldades para se concentrar

Sente-se na frente da pia do banheiro ou da cozinha. Abra só um pouco a torneira para deixar correr um fiozinho de água fresca bem no centro da palma da sua mão durante dois minutos.

Fiz este exercício dia: ....

Na seguinte circunstância: ....

....

....

....

Nota para o exercício: ....../10

11. Se estiver com a garganta apertada

- Sente-se numa cadeira, encoste bem ambos os pés no chão, incline-se para a frente com os cotovelos e antebraços apoiados nas coxas.
- Deixe as mãos soltas entre os joelhos.
- De olhos fechados, respire lentamente concentrando-se na sensação de abertura e fechamento da sua glote. Um minuto depois, você vai sentir a sua laringe descontrair-se e liberar-se.

Muito simples e rápido, este exercício é excelente antes de superar um obstáculo.

Fiz este exercício dia: ....
Na seguinte circunstância: ....
....
....
....

Nota para o exercício: ....../10

12. Se estiver angustiado(a)

- Coloque as mãos, uma ao lado da outra, na parte inferior da sua caixa torácica, justo abaixo do peito. A ponta dos dois dedos médios devem se tocar.
- Inspire profunda e lentamente pelo nariz, o que vai fazer com que as suas mãos se afastem uma da outra.
- Em seguida, expire profundamente pela boca; as suas mãos vão voltar à posição inicial.

Este exercício, que permite aumentar a oxigenação do organismo e reduzir o estresse, proporciona o estado de relaxamento num minuto...

Fiz este exercício dia: ....

Na seguinte circunstância: ....

....

....

....

Nota para o exercício: ....../10

13. Se estiver inquieto(a)

Pratique a automassagem mais simples e rápida: a nas orelhas! Na reflexologia, a orelha representa o corpo inteiro.

• Segure cada orelha com o polegar e o indicador – o polegar no interior da orelha e o indicador no exterior do pavilhão.

• Massageie pouco a pouco toda a superfície da orelha.

• Aperte os lóbulos usando mais uma vez o polegar e o indicador e puxe-os delicadamente.

• Coloque as duas mãos abertas sobre as orelhas e efetue leves movimentos circulares.

Este exercício permite encontrar a calma dentro de si e até aliviar certas dores de cabeça.

Fiz este exercício dia: ....
Na seguinte circunstância: ....
....
....
....

Nota para o exercício: ....../10

14. Se estiver à beira de um ataque de nervos

- Molhe uma toalhinha em água bem quente (mas não fervendo!) e depois a esprema.
- Deite-se. De olhos fechados, cubra o rosto com a toalhinha.
- Coloque as mãos nos lados do quadril.
- Respire lenta e profundamente concentrando a sua atenção no diafragma. Não pense em mais nada a não ser na sua respiração; escute a si mesmo(a) respirando...

Continue este exercício até a toalhinha ficar fria.

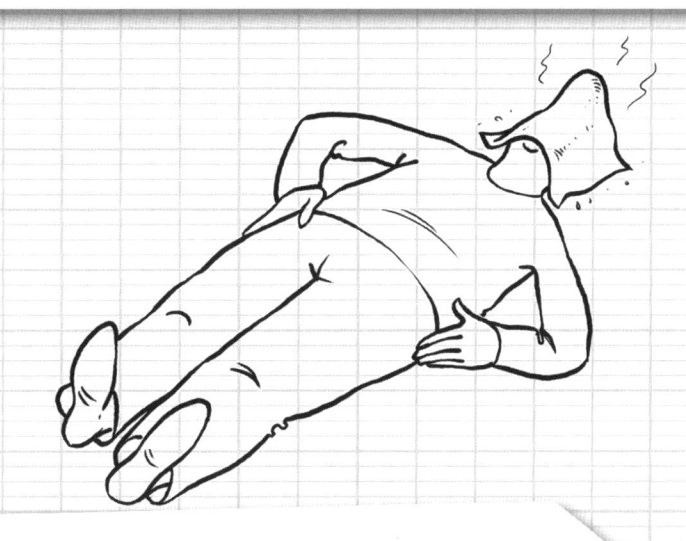

Fiz este exercício dia: ....
Na seguinte circunstância: ....
....
....
....

Nota para o exercício: ....../10

O seu exercício preferido

Você já testou e deu uma nota para os 14 exercícios.
Anote aquele que mais lhe convenha ou que você prefira:

O meu exercício preferido para encontrar a calma é o n°:.......

Ele é útil para mim nas seguintes circunstâncias:

1. ....

2. ....

3. ....

4. ....

5. ....

6. ....

7. ....

EXERCÍCIO EXTRA!

Espere um dia em que você esteja se sentindo *realmente* calmo(a) e consciente de si mesmo(a) para se familiarizar com este exercício:

• Respire lenta e profundamente. Toque a ponta do polegar esquerdo na ponta do indicador da mão direita. Ao mesmo tempo, diga mentalmente:

**« Eu sinto a calma.
Eu sou a calma. »**

Prenda a respiração durante cinco segundos e expire durante cinco segundos.

• Recomece tocando uma na outra as pontas dos indicadores das mãos esquerda e direita.
• Recomece com o dedo médio.
• Recomece com o anelar.
• Recomece com o mínimo.
  Mais tarde, toda vez que sentir o estresse aumentar, faça este exercício pensando no estado de calma no qual você se encontrava e dizendo mentalmente:

**« Eu sinto a calma.
Eu sou a calma. »**

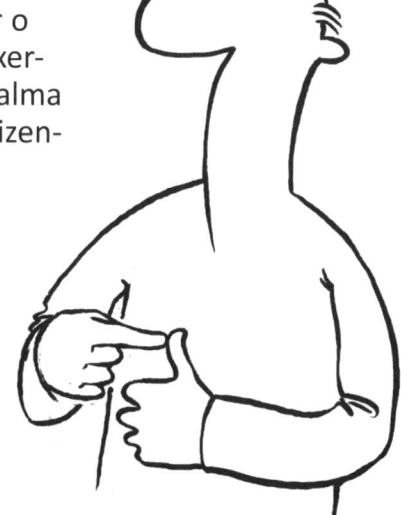

História zen

Há muito tempo, um grande erudito foi visitar um mestre zen para se informar sobre esta filosofia de vida. Enquanto conversavam, o mestre convidou o erudito para tomar chá. Ao terminar a pequena cerimônia do chá, o mestre ofereceu uma tigela ao erudito e começou a despejar a água quente. E continuou até a água transbordar e transbordar e transbordar... Desconcertado, o visitante não aguentou mais e exclamou: « Mestre, a tigela já está cheia! Ela não pode mais conter nada! » O mestre parou imediatamente de despejar e disse: « Você é igual a esta tigela, repleto de suas próprias opiniões e hipóteses. Como eu posso lhe mostrar o zen antes de você ter esvaziado a sua tigela? »

V. A atitude zen

Cinco minutos de meditação

Não existe vida zen sem meditação! Mas a verdadeira meditação zen, o zazen (do japonês za, « sentado », e zen, « meditação »), é fisicamente desgastante para os iniciantes. Veja a seguir uma técnica que não vai obrigar você a esvaziar a mente durante uma hora numa posição desconfortável; para começar, bastam cinco minutos por dia. Mas evite após as refeições!

Os benefícios da meditação já foram demonstrados por centenas de experiências científicas: ela permite lidar melhor com as suas emoções e, portanto, resistir mais ao estresse. Além disso, desenvolve o controle da força de vontade e oferece a possibilidade de aumentar a concentração e, portanto, ficar mais calmo. Os estudos citados também indicam que a sua prática cotidiana produz efeitos extraordinários na saúde: a meditação diminui a hipertensão, a taxa de colesterol, as dores crônicas, a ansiedade e a dependência de drogas e exerce uma influência positiva no sistema imunológico. É por isso que, para as pessoas que meditam, a quantidade de consultas médicas diminui 44%; a frequência das doenças cardiovasculares, 87%; a das doenças infecciosas, 30%...

(Para saber mais: KABAT-ZINN, Jon. *A mente alerta*. Rio de Janeiro: Objetiva, 2001.)

- Sente-se numa cadeira, com a coluna vertebral bem reta e sem apoiar as costas no encosto.

- Deixe os ombros caírem, coloque as mãos nos joelhos com as palmas viradas para cima. Feche os olhos.

- Respire lenta e profundamente, num ritmo regular: conte mentalmente seis segundos para a inspiração e seis para a expiração.

- Após um minuto, trave os pulmões entre cada inspiração e expiração, contando: oito segundos de inspiração, trave os pulmões durante quatro segundos; oito segundos de expiração, trave os pulmões durante quatro segundos.

- Continue durante dois minutos.

- Respirando no mesmo ritmo, concentre-se sucessivamente em cada uma das partes do seu corpo, como se você projetasse a sua mente até à parte que vai relaxar. Comece pelos dedos dos pés, depois prossiga nos pés, panturrilhas, joelhos, coxas...

- Percorra bem lentamente o seu corpo inteiro, visualizando uma luz azul invadindo você suavemente.

editação

- Ao chegar ao alto da cabeça, abra ligeiramente os olhos e fixe um ponto à sua frente, mas sem realmente olhá-lo.

- Inspire e, toda vez que expirar, module à meia-voz as cinco vogais na seguinte ordem: A, E, O, U, I (uma vogal por expiração).

- Continue o exercício durante dois minutos concentrando-se exclusivamente nas vogais e na respiração.

- Mantendo a mesma posição, diminua o seu esforço de concentração e tente não pensar em nada durante alguns instantes...

Problemas com a meditação?

Quatro dicas (bastante) rápidas para você esvaziar a cabeça sem dor:

1. Faça uma lista de perguntas...

Mas não quaisquer perguntas: todas aquelas às quais você nunca conseguiu responder! Elas podem se relacionar com o assunto que você quiser: a sua infância, um segredo de família, o Além, os extraterrestres, a máquina a vapor, o sentido da vida, um segredo de fábrica... Quantidade ilimitada.

Desligue telefone, celular, televisão, rádio e aparelho de som. Arrume uma posição confortável, pegue uma folha e vá em frente!

À medida que for escrevendo as perguntas, você vai constatar um fenômeno surpreendente: uma verdadeira « limpeza » da mente. Ao mandá-lo trabalhar com o objetivo de reconstituir as questões pendentes, você obriga o seu cérebro a passar em revista milhões de informações, imagens, lembranças e acontecimentos. É uma forma de introspecção que traz uma brisa interior nova e, às vezes, pode até ajudar você a fazer um balanço da sua vida.

O que fazer com esta lista depois?
Simplesmente acrescente a
ela esta pergunta...

2. Escreva tudo o que passar pela sua cabeça.

Pegue um papel e deixe as palavras fluírem... Todas as palavras, sem impedir nenhuma de se expressar e nem tentar colocar ordem nas suas ideias.

3. <u>Cante!</u>

Pegue o CD da sua música favorita. Coloque-o para tocar e cante! Não tem importância se você não possui ouvido musical; concentre-se na letra da música. Cante-a de novo. Você imediatamente se sentirá mais livre, leve e solto(a).

4. <u>Caminhe!</u>

Reserve vinte minutos para dar uma volta no seu bairro, com um passo firme, nem rápido e nem devagar demais. Concentre-se na sua respiração: respire da forma mais lenta e profunda possível, relaxando o diafragma. Enquanto estiver caminhando, observe atentamente os detalhes do ambiente, como se você estivesse visitando o bairro pela primeira vez, mas sem ficar virando demais a cabeça; mexa os seus olhos.

> « *Você pode tentar espremer um punhado de areia com a força que for, mas nunca extrairá óleo dele.* »
>
> Provérbio tibetano

Cinco « atitudes zen » cotidianas:

1. Um(a) amigo(a) cometeu um grande erro...

<u>Complete as lacunas:</u>
Fingir estar calmo(a) enquanto você está fervendo de raiva não é
.... Descarregar a ira nos outros também não. Primeiro
faça alguns minutos de .... profunda ou uma pequena
caminhada para admitir que você .... raiva, distinguindo
como você *está* e quem você *é*. Em seguida, escreva uma carta para
a pessoa com relação à qual você tem um ...., explican-
do os motivos da sua raiva. Depois, ... a carta! Isto lhe
permitirá esclarecer a situação e .... melhor o fato de
que você não é a sua raiva. Você poderá, então, na próxima vez em
que encontrar a pessoa em questão, ... a sua emoção
de forma ...., precisa, sem ódio e nem raiva reprimida.

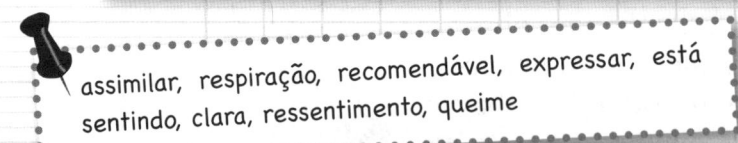

assimilar, respiração, recomendável, expressar, está
sentindo, clara, ressentimento, queime

2. No supermercado, a pessoa do caixa está muito devagar, e os clientes à sua frente na fila estão demorando demais!

Preste atenção na sua respiração e postura. Feche os olhos e respire lentamente massageando o seu plexo solar através de gestos
circulares com a palma da mão para se concentrar em si mesmo(a).
Depois, abra os olhos e observe. Quando a *consciência do instante
presente* está desperta, enxergamos mil detalhes que habitualmente
passam despercebidos. Olhe para os mínimos detalhes de tudo o que
estiver ao seu redor, para focalizar a sua atenção. Observe como os
indivíduos à sua frente arrumam as compras e se comportam com a
pessoa do caixa, mas sem julgá-los! E sorria! (cf. p. 31) Quando chegar a sua vez, você estará consciente de si mesmo(a), sem nenhuma
atitude de desprezo para com a pessoa do caixa. Você pode até ser
uma« presença » de apoio.

3. Estou atrasado(a)!

Seja qual for o compromisso, o lugar aonde você estiver indo, sozinho(a) ou em família, aplique um princípio bastante simples: tome o hábito de *sempre* sair dez minutos adiantado(a), o que evitará em primeiro lugar uma boa dose de estresse. Além disso, você encontrará ótimas razões para gostar disto: ao chegar, você sabe que tem dez minutos livres à sua disposição para não pensar em nada ou refletir, respirar, acalmar-se, conversar consigo mesmo(a)... Experimente esta grande aventura pelo menos uma vez; você vai perceber que a mudança de estado de espírito é imediata. Estes dez minutos adiantados não são « dez minutos perdidos », mas sim *dez minutos para se sentir bem...*

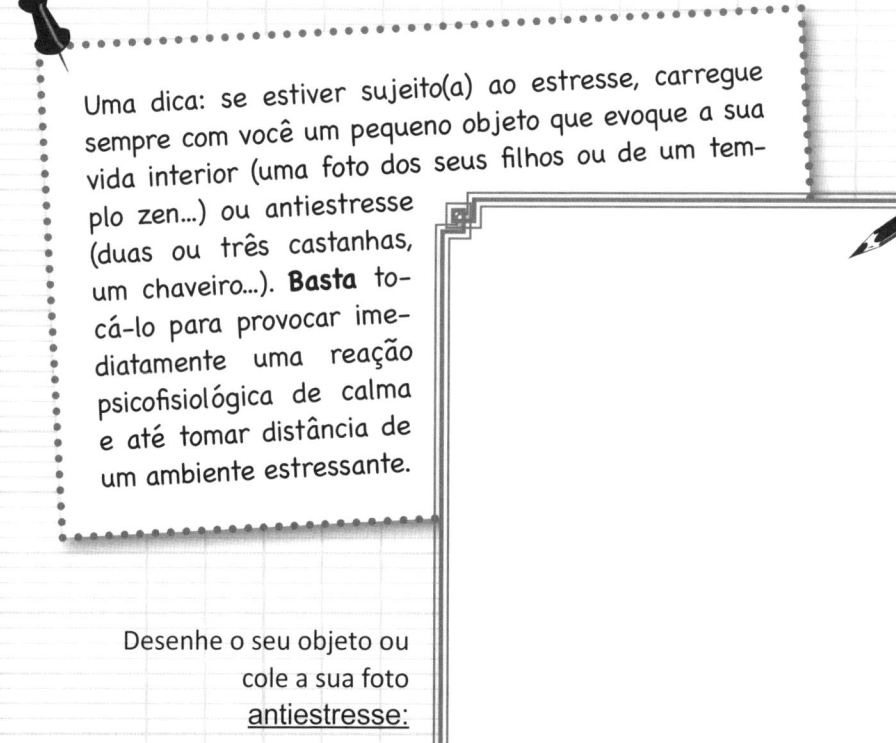

Uma dica: se estiver sujeito(a) ao estresse, carregue sempre com você um pequeno objeto que evoque a sua vida interior (uma foto dos seus filhos ou de um templo zen...) ou antiestresse (duas ou três castanhas, um chaveiro...). **Basta** tocá-lo para provocar imediatamente uma reação psicofisiológica de calma e até tomar distância de um ambiente estressante.

Desenhe o seu objeto ou cole a sua foto
<u>antiestresse:</u>

4. Situação de emergência: você está à beira de um ataque!

Para a tradição zen, por definição não existe « situação de emergência »; a única coisa que conta é o « aqui e agora ». São simplesmente situações nas quais é preciso ser eficaz e capaz de ter o pensamento *certo*, fazer o gesto *certo* e realizar a ação *certa*. Portanto, são momentos em que é preciso estar ainda mais consciente, lúcido, presente, pragmático, mas dando ouvido também à sua intuição e recorrendo às suas forças interiores. Os indivíduos que se saem muito bem nestas situações não aplicam receitas já prontas, pois nenhuma situação é igual à outra. Eles são eles mesmos e dão o melhor de si, o que às vezes pode levá-los a realizar façanhas ou atos de heroísmo... Seja heroico(a): trabalhe o mais frequentemente possível com este caderno para ser capaz de substituir as « situações de emergência » por:

SITUAÇÕES
INTENSAS

(Pinte esta expressão e medite sobre ela.)

5. Todo mundo ao meu redor não para de falar sobre o Apocalipse!

É verdade, nada nos é omitido sobre o que nos espera segundo certas profecias: erupções solares, chuva de meteoritos, invasão extraterrestre, aproximação do Planeta Nibiru, megatempestades e ciclones, inundações e tsunamis, inversão dos polos, terremotos, despertar de vulcões, ruína econômica, fome mundial, conflito nuclear, pandemia, dominação da Nova Ordem Mundial, perda das liberdades individuais... A atmosfera apocalíptica deste início de milênio pode gerar uma angústia confusa para uns e um verdadeiro medo para outros.

Conforme a tradição zen, considerar o imprevisto como a manifestação da *impermanência* que rege todos os seres vivos permite antes de tudo aprender a se desapegar, pré-requisito de qualquer ação certa, e em seguida ter a oportunidade de alcançar um estágio superior da evolução da consciência. Por isto, não fuja da realidade: identifique e verbalize os seus medos. Para superá-los, busque em si mesmo(a) as suas próprias forças.

Liste todas as qualidades de um « mestre zen » que você tiver descoberto através deste caderno (não trapaceie!) e que lhe permitam ser você mesmo(a), *com plena consciência*, no « aqui e agora », calmo(a) e sereno(a) seja qual for a circunstância:

- . . . .
- . . . .
- . . . .
- . . . .
- . . . .
- . . . .
- . . . .
- . . . .

- . . . .
- . . . .
- . . . .
- . . . .
- . . . .
- . . . .
- . . . .
- . . . .

Ilustre esta citação com lápis de cor e deixe-a impregnar você:

Um esperto imperador queria escolher o mais sábio dos seus súditos para ser primeiro-ministro. Após semanas de provas bastante difíceis, restavam apenas três concorrentes. O imperador se dirigiu solenemente a eles:

— Chegou a hora da última prova, do último desafio. Vocês três serão trancados numa sala sem janelas. A porta terá uma fechadura complicadíssima e extremamente sólida. O primeiro que conseguir sair será eleito.

Dois candidatos, muito cultos e reputados por seus extensos conhecimentos, logo mergulharam em difíceis cálculos, alinhando intermináveis colunas de algarismos, traçando complexos esquemas e esboçando herméticos diagramas. De vez em quando, eles se levantavam, examinavam a fechadura com ar pensativo e voltavam suspirando aos seus estudos.

Durante todo este tempo, o terceiro, sentado numa cadeira, não fazia nada. Ele estava meditando. De repente, levantou-se, foi até à porta, girou a maçaneta, abriu a porta... e saiu.

Pequena biblioteca de bolso dos indispensáveis da tradição zen:

BROSSE, Jacques. *Os mestres zen*. Lisboa: Pergaminho, 1999.

DAS, Lama Surya. *O despertar do Buda interior*. Rio de Janeiro: Rocco, 2001.

DESHIMARU, Taisen. *La pratique du zen*. Paris: Albin Michel, 1981.

NHAT HANH, Thich. *Clés pour le zen*. Paris: Pocket, 2001.

PIGANI, Erik & MAZELIN-SALVI, Flavia. *Bien-être zen au quotidien*. Paris: Le Livre de Poche, 2007.

THORP, Gary. *Sweeping changes* — Discovering the joy of zen in everyday tasks. Portland: Broadway Books, 2001.

WATTS, Alan. *O espírito do zen*. Porto Alegre: L&PM, 2008.

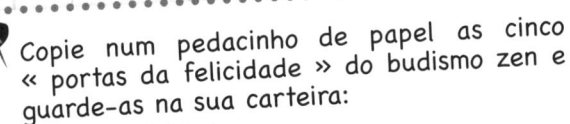

Copie num pedacinho de papel as cinco « portas da felicidade » do budismo zen e guarde-as na sua carteira:

- Simplicidade
- Serenidade
- Confiança
- Consciência
- Imaginação

Coleção Praticando o Bem-estar

Selecione sua próxima leitura

- ❏ Caderno de exercícios para aprender a ser feliz
- ❏ Caderno de exercícios para saber desapegar-se
- ❏ Caderno de exercícios para aumentar a autoestima
- ❏ Caderno de exercícios para superar as crises
- ❏ Caderno de exercícios para descobrir os seus talentos ocultos
- ❏ Caderno de exercícios de meditação no cotidiano
- ❏ Caderno de exercícios para ficar zen em um mundo agitado
- ❏ Caderno de exercícios de inteligência emocional
- ❏ Caderno de exercícios para cuidar de si mesmo
- ❏ Caderno de exercícios para cultivar a alegria de viver no cotidiano
- ❏ Caderno de exercícios e dicas para fazer amigos e ampliar suas relações
- ❏ Caderno de exercícios para desacelerar quando tudo vai rápido demais
- ❏ Caderno de exercícios para aprender a amar-se, amar e – por que não? – ser amad(a)
- ❏ Caderno de exercícios para ousar realizar seus sonhos
- ❏ Caderno de exercícios para saber maravilhar-se
- ❏ Caderno de exercícios para ver tudo cor-de-rosa
- ❏ Caderno de exercícios para se afirmar e – enfim – ousar dizer não
- ❏ Caderno de exercícios para viver sua raiva de forma positiva

- ❏ Caderno de exercícios para se desvencilhar de tudo o que é inútil
- ❏ Caderno de exercícios de simplicidade feliz
- ❏ Caderno de exercícios para viver livre e parar de se culpar
- ❏ Caderno de exercícios dos fabulosos poderes da generosidade
- ❏ Caderno de exercícios para aceitar seu próprio corpo
- ❏ Caderno de exercícios de gratidão
- ❏ Caderno de exercícios para evoluir graças às pessoas difíceis
- ❏ Caderno de exercícios de atenção plena
- ❏ Caderno de exercícios para fazer casais felizes
- ❏ Caderno de exercícios para aliviar as feridas do coração
- ❏ Caderno de exercícios de comunicação não verbal
- ❏ Caderno de exercícios para se organizar melhor e viver sem estresse
- ❏ Caderno de exercícios de eficácia pessoal
- ❏ Caderno de exercícios para ousar mudar a sua vida
- ❏ Caderno de exercícios para praticar a lei da atração
- ❏ Caderno de exercícios para gestão de conflitos
- ❏ Caderno de exercícios do perdão segundo o Ho'oponopono
- ❏ Caderno de exercícios para atrair felicidade e sucesso
- ❏ Caderno de exercícios de Psicologia Positiva